nod.

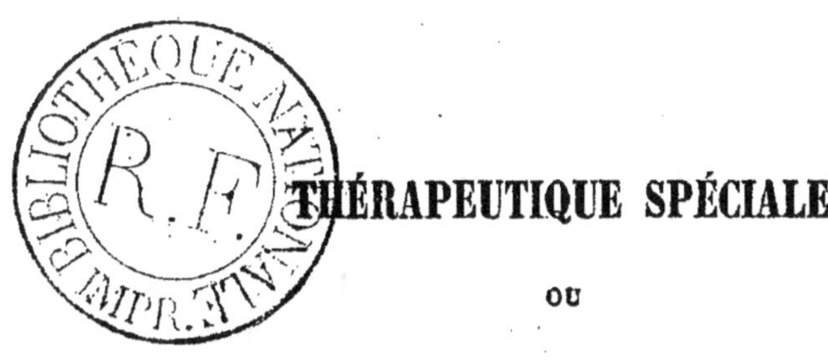

THÉRAPEUTIQUE SPÉCIALE

OU

MOYEN CERTAIN

d'obtenir

UNE GRANDE ÉCONOMIE

DANS LES HOPITAUX, HOSPICES ET AUTRES ÉTABLISSEMENTS DE BIENFAISANCE,

PAR T. JUNOD,

Docteur en médecine de la Faculté de Paris, spécialement attaché aux hôpitaux du département de la Seine, Lauréat de l'Institut de France (Académie des sciences), membre de plusieurs sociétés savantes.

> L'économie ! tel doit être le soin, le but constant de toute bonne administration.
>
> TURGOT.

Jusqu'à présent je me suis adressé aux médecins dans les différents mémoires (1) que j'ai lus à l'Académie des sciences;

---

(1) Voyez : 1° *Considérations sur les inconvénients et les dangers des saignées générales et locales* trop répétées, et sur un moyen certain d'obtenir dans la plupart des cas tous les avantages des émissions sanguines sans épuiser les forces. (Mémoire lu à l'Académie des sciences le 19 février 1849; *Revue médicale*, cahier de février 1849, pag. 185.)

je pense avoir démontré que la méthode hémospasique (1) (grande ventouse) est un puissant moyen de thérapeutique, car il n'est point de révulsif qui puisse lui être comparé, soit pour son intensité, soit pour sa durée, soit pour sa mesure, soit enfin pour sa graduation. Maintenant, je m'adresse aux administrations chargées d'ordonnancer des dépenses considérables dans les hôpitaux, les hospices, les établissements de bienfaisance, et même dans les maisons de santé.

De la démonstration la plus rigoureuse, je veux faire ressortir l'irréfragable enseignement des résultats ; je prouverai qu'en substituant la méthode hémospasique, seulement à l'emploi des sangsues, ces administrations obtiendraient une immense économie ; je prouverai que cette économie est positive, immédiatement réalisable, et que sous peu, elle entraînerait dans toutes les branches des services médicaux, de notables améliorations au double point de vue thérapeutique et pécuniaire.

Il est évident qu'ici, comme en tout, les termes du problème se réduisent à ces deux conditions : la première, de

---

2° *Des avantages de la méthode hémospasique* substituée dans certains cas à l'emploi de médicaments énergiques. (Mémoire lu à l'Académie des sciences le 28 mai 1849 ; *Revue médicale*, mai 1849, pag. 32.)

3° *Observations relatives à l'application de la méthode hémospasique* au traitement des plaies par armes à feu et de diverses affections chirurgicales, lues à l'Académie des sciences le 18 juin 1849. *Gazette médicale.*

4° *De l'emploi de la méthode hémospasique* dans le traitement du choléra épidémique. (Mémoire lu à l'Académie des sciences le 6 août 1849 ; *Revue médicale*, août 1849, pag. 393.)

5° *Examen comparatif des effets produits par l'hémospasie* (grande ventouse) avec les résultats obtenus par les stimulants les plus énergiques. (Mémoire lu à l'Académie des sciences le 4 février 1850 ; *Revue médicale*, 1850.)

(1) De αιμά sang, et de σπάω j'attire.

produire au moins les mêmes effets par le nouveau procédé que par celui qu'on repousse ; la seconde, que ce nouveau moyen soit de beaucoup moins coûteux que l'autre. Ces deux termes sont tellement liés ensemble, que si l'un vient à manquer, la solution n'est pas donnée, le but n'est pas atteint ; or, je ferai voir qu'il n'en est point ainsi dans ma proposition. Je sollicite donc l'attention des esprits impartiaux, des hommes qui doutent, qui cherchent, qui veulent le mieux, le moins cher possible, qui regardent le bien des pauvres comme celui qu'il faut le plus épargner.

Voyons d'abord le prix exorbitant et l'inefficacité de l'agent thérapeutique que je veux remplacer par un autre plus actif et plus économique.

INCONVÉNIENTS DES SANGSUES.

1er INCONVÉNIENT. — *Leur rareté.*

Depuis que Broussais, dont les erreurs n'eurent d'égales que sa hardiesse et sa célébrité, posa en principe que toute maladie, ou à peu près, n'était qu'une phlegmasie locale, qu'il fallait l'attaquer par des saignées réitérées, notamment par des sangsues appliquées plusieurs fois et en grand nombre; ces annélides ont singulièrement diminué dans nos contrées, nos lacs, nos étangs, nos ruisseaux en sont entièrement dépeuplés. Vainement, leur reproduction a-t-elle été l'objet d'un grand nombre d'expériences, tous les essais sont restés infructueux. Celles qu'on peut se procurer aujourd'hui ne suffisent pas à la consommation. De là, la nécessité où l'on est de les faire venir des pays les plus éloignés : la Hongrie, certaines parties de la Turquie, sont les contrées d'où on les tire actuellement ; mais quand ces mêmes contrées seront épuisées, ce qui ne manquera pas d'arriver, on ignore le pays qui pourra fournir des sangsues; car tous les climats, toutes les eaux, même les plus pures en apparence, ne conviennent pas à leur alimentation et à leur conservation.

2e Inconvénient. — *Leur cherté.*

Avant cet exclusif et dangereux système de *sanguisugie* établi il y a trente ans, et qu'un grand nombre de praticiens appliquent encore dans une foule de circonstances, le *mille* de sangsues, si tant est qu'on les vendît au mille, ne valait que 2 ou trois francs au plus, tandis que le taux actuel est de *deux à trois cents*, d'après le volume des sangsues (1). Qui ne serait effrayé d'une pareille progression de valeur, et il s'en faut que la dernière limite de cette progression soit atteinte. Une sangsue de moyenne grosseur se vend aujourd'hui quarante centimes ; or, quand il faut en appliquer vingt-cinq ou quarante, quand il convient de renouveler ces applications selon

---

(1) Nombre des sangsues employées dans les hôpitaux et hospices de Paris en 1849 : 213,315.

Prix en 1849 : 200 fr. le mille ; soit, pour l'année, 42,663 fr.

Id. 1850 : 217 fr.

Les prix indiqués sont de beaucoup inférieurs à ceux du commerce où les belles sangsues ne se paient pas aujourd'hui moins de 330 fr. le mille.

Quantité de sangsues dégorgées et ayant piqué en 1849 : 90,945 ; soit 1 seulement sur 3 ayant piqué une première fois.

Mortalité pendant le séjour à la pharmacie centrale 2,9e pour 100.

Prix payé pour le dégorgement de 90,945 sangsues : 4,939 fr. 15 c. ; soit 54 fr. pour le simple dégorgement de 1000 sangsues.

Sangsues employées en 1849 par les bureaux de bienfaisance : 147,050 ; soit 29,410 fr.

En tout pour les hospices et bureaux de bienfaisance, pendant l'année 1849, une dépense de 72,073 fr. Il est à noter que l'année 1849 est de celles où l'on a dû employer le moins de sangsues, à raison du grand nombre de cholériques qui pendant plusieurs mois ont encombré les hôpitaux.

la marche de la maladie et l'urgence des indications, on doit juger que les sangsues sont hors de prix pour l'ouvrier, pour le journalier, pour le malade pauvre, regardant ce moyen thérapeutique comme une sorte de luxe qu'il n'appartient qu'à l'opulence d'employer. Je sais que pour l'administration des hôpitaux, soit à Paris, soit dans les départements, cette dépense est diminuée par les remises; mais cette réduction, fût-elle encore plus grande, et même le prix de *revient* fût-il le seul payé par ces administrations, qu'il serait encore excessif, très souvent au-dessus de leurs ressources, surtout dans certaines localités départementales. Et la preuve, c'est que beaucoup de ces administrations ont plusieurs fois demandé à la science le moyen de les exonérer de cette accablante dépense. Malheureusement, on n'a point insisté pour obtenir cette réforme, tant il est vrai que les abus résistent en raison de l'appui que leur prêtent l'indifférence, et plus souvent la méfiance systématique de tout changement, de tout progrès.

3e Inconvénient. — *Leur falsification.*

Du moment que les sangsues sont devenues rares et chères, le commerce a offert une prime à la cupidité; alors on a vu ce qui devait nécessairement arriver, c'est-à-dire la falsification des sangsues, à tous les degrés et dans toutes les proportions. Il y a à cet égard deux procédés malheureusement plus connus que faciles à constater et à empêcher.

Le premier consiste à mêler de fausses sangsues nommées sangsues *bâtardes* aux sangsues *officinales*; or, les premières ne sont pas pourvues d'un appareil propre à inciser la peau et à sucer le sang. Ce mélange, qui se fait dans des proportions diverses, n'est pas aussi facile à distinguer qu'on le croit. La sangsue *bâtarde* a des caractères généraux qui la font aisément confondre avec la sangsue *officinale*, par les personnes peu expérimentées dans ce genre d'examen.

La seconde manière de falsifier les sangsues est de les faire gorger de sang; le prix s'élève et par conséquent le bénéfice réalisé est en raison directe de l'augmentation du poids. Peu de personnes ignorent que l'autorité a fait, il y a peu de temps, des saisies considérables de sangsues ainsi gorgées, mais gorgées de 25, 30, 40 et même plus de 50 pour 100 de leur poids de sang étranger, ordinairement de sang de bœuf, je n'ai pas besoin de dire combien ce trafic ignoble, infâme, est préjudiciable aux malades; n'est-ce pas là un véritable attentat à la santé puplique, ne mérite-t-il pas la juste sévérité des magistrats? Mais c'est aussi une cause puissante, énergique, constante de ruine pour les administrations. Si de quarante sangsues, par exemple, il n'en *prend*, pour me servir de l'expression consacrée, que vingt ou vingt-cinq, ce qui est le plus ordinaire, il est évident que le reste est une perte nette pour l'acheteur, administration ou particulier. Or, que l'on calcule maintenant sur de grandes proportions les pertes, les déchets que font les administrations dans ce cas, et l'on trouvera la cause du déficit de leurs finances, du peu de ressources qu'elles ont à leur disposition. — Si l'alimentation du pauvre convalescent est de mauvaise qualité, insuffisante, si le linge fait défaut, si la porte de l'asile reste close pour un nombre toujours croissant de souffrances, c'est trop souvent parce que les sangsues ont entraîné des frais énormes tout en trompant l'espoir de l'administration, du médecin et des malades. Le croirait-on? les sangsues sont aujourd'hui si défectueuses, quoique très-chères, que quelques médecins en prescrivent l'emploi de cette manière : *Marquez quatre-vingt sangsues pour avoir quarante piqûres;* ou bien encore : *prenez autant de sangsues qu'il en faudra pour obtenir vingt piqûres.* Ne voilà-t-il pas un moyen bien efficace pour remplir les indications parfois si graves qui se présentent. La fraude est telle, et elle s'exerce avec une impudence si hardie qu'un médecin a proposé, non sans raison, à mon avis, que le gouvernement s'emparât du monopole et que dans chaque localité il y eût des dépôts établis à l'instar de ceux où se vendent le tabac, les cartes à jouer, la poudre, etc. Je sais que les administrations prennent à cet égard quelques mesures de prudence; mais, qu'on le croie bien, jamais ces mesures n'équivalent à la ruse, à l'audace des fraudeurs; alors les frais continuent d'être énormes parce qu'ils sont sans interruption.

Il ne faut pas croire qu'on puisse les compenser en faisant dégorger les sangsues pour les faire servir une seconde ou une troisième fois. Outre que ce dégorgement est fort long, et même coûteux, que les sangsues peuvent périr, ce moyen est-il salubre? N'offre-t-il aucun inconvénient pour les malades qui subissent ces réapplications? Les avis des médecins sont très-partagés à cet égard; le mieux toutefois est de s'en tenir aux règles de la prudence. Il n'en reste pas moins constaté que les dépenses du particulier ou de l'administration sont en raison directe et du prix exorbitant des sangsues et des indignes falsifications qui en mettent hors d'usage le tiers ou la moitié.

4e Inconvénient. — *Difficultés et dangers de leur application.*

Avec deux ou trois principes coulés en bronze, selon Broussais, on pouvait faire une médecine générale. Un de ces principes consiste dans de larges émissions de sang tant générales que locales. J'ai fait voir ailleurs et j'y renvoie le lecteur, *Considération sur les inconvénients et les dangers des saignées générales et locales trop répétées*, mémoire lu à l'académie des sciences le 19 février 1849, j'ai fait voir, dis-je, combien il importe de ménager le sang dans les maladies, surtout quand elles se prolongent; faire autrement c'est littéralement s'associer à la maladie pour l'aggraver. C'est surtout quand l'affection pathologique résiste, qu'on insiste le plus sur l'emploi des sangsues, mais il en résulte de graves inconvénients : le premier tout à fait médical, d'épuiser le malade, de rendre les convalescences interminables; le second entièrement administratif et conséquence du premier, de garder un temps indéfini dans les hôpitaux ces mêmes convalescents, ce qui augmente les charges de l'administration, soit par la prolongation du séjour, soit par la nature de l'alimentation nécessairement choisie plus substantielle pour réparer leurs forces épuisées par un traitement qui pourrait être moins débilitant.

Substitution de l'Appareil hémospasique (grande ventouse) **aux Sangsues.**

AVANTAGES DE CETTE MÉTHODE.

Malgré la coutume, la routine, l'indifférence, ces trois mortelles ennemies du progrès et de l'économie; malgré même quelques idées systématiques qui prévalent encore, les inconvénients des sangsues dont je n'ai fait qu'esquisser le tableau ont tellement frappé les hommes judicieux qu'on a souvent demandé, comme j'en ai fait la remarque, de remplacer ces annélides par un procédé plus sûr et moins coûteux. Jusqu'à présent on n'y a pas réussi; veut-on savoir pourquoi? Parce que les moyens proposés n'étaient que peu actifs et jamais employés dans ce but d'une manière sérieuse. Quant à moi, je propose, et je le fais avec une entière et pleine confiance, je propose aux administrations des hôpitaux, des hospices, etc., de substituer mon appareil hémospasique aux sangsues; le temps et l'expérience justifient chaque jour les avantages de cet appareil. J'entre à cet égard dans quelques détails.

Que se propose-t-on dans l'emploi des sangsues? Deux objets principaux : d'une part tirer une certaine quantité de sang; de l'autre opérer un mouvement de révulsion plus ou moins actif. J'ai prouvé dans le mémoire déjà cité combien les pertes de sang fortes et répétées étaient nuisibles à l'économie, et on en a vu de fréquents exemples à l'époque où le système Broussais était à son apogée. En 1825, un médecin allemand a calculé que les sangsues dévoraient, année commune, en France, deux cent quarante-sept mille livres de sang humain. Quoi qu'il en soit de ce calcul approximatif, il n'en est pas moins vrai qu'alors le sang des malades coulait à torrents. Depuis on est déjà revenu à une pratique plus modérée mais qui peut passer encore pour excessive aux yeux des bons praticiens. Sous ce rapport les sangsues, par l'abus que l'on en fait encore, sont évidemment nuisibles. Leur action révulsive est donc en quelque sorte la seule utile. De bonne foi, après même la comparaison la plus superficielle, après l'examen le moins approfondi, peut-on mettre sur la même ligne la révulsion opérée par quelques sangsues et celle que produit notre appareil? ce serait tomber dans une erreur aussi palpable que grossière.

Mon appareil, ainsi que je l'ai dit, et je ne cesserai de le répéter, établi d'une part sur une loi physique et de l'autre sur les lois de l'organo-dynamisme vital, agit de telle sorte, 1° qu'il opère une révulsion puissante, énergique; révulsion telle qu'on peut déplacer plus d'un tiers de la masse du sang; 2° que, quand on le veut, cette révulsion est égale, sans soubresauts et sans alternatives; 3° que le praticien, s'il le juge convenable, peut l'abaisser, l'élever, la graduer depuis la nuance du sinapisme jusqu'au degré le plus puissant; 4° qu'il est facile de la répéter tout autant de fois qu'on le désire et avec la plus grande facilité; 5° enfin, qu'il n'en résulte jamais d'accidents ni graves ni même légers. Certes, la révulsion, cette base *constante* de toute bonne thérapeutique est alors dans sa pleine et entière activité; il n'y a donc ici ni erreur, ni prévention, ni illusion possibles; elle est tout à fait entre les mains du praticien qui la dirige, la modifie à son gré, qui peut en calculer, en graduer mathématiquement les effets, qui n'a nul besoin de personnes étrangères pour l'aider, qui, d'un instant à l'autre, peut recourir à ce moyen selon la marche de la maladie et les symptômes à combattre, qui ne craint ni hémorrhagie, ni érysipèle, ni inflammation, ni suppuration, ni épuisement, accidents très-ordinaires à la suite des applications de sangsues, notamment chez les enfants et les personnes lymphatiques, qui enfin ne redoute aucune fraude commerciale, nulle sophistication, aucune crainte sur le procédé, certain qu'il est que l'appareil hémospasique fonctionnera pleinement, entièrement à son gré, sans déviation, sans excès en plus ou en moins, comme il n'arrive que trop par les sangsues. Voilà bien des avantages; eh bien, il en est encore un, objet particulier de ce travail, et que la misère qui nous déborde rend chaque jour plus important, c'est celui de l'*économie*. Sous ce rapport, il n'est pas de comparaison possible; en voici la preuve : Prenez *un mille* de sangsues, le prix de ce mille est à peu de chose près le prix de *revient* de plusieurs appareils hémospasiques. Après une première application que devient ce mille de sangsues? c'est un fonds perdu, c'est une perte nette pour l'administration. Maintenant examinez l'appareil ayant servi plusieurs fois, toujours intact, toujours solide, il n'en est pas moins toujours prêt à fonctionner de nouveau, et il représente toujours par cela même le prix qu'il a coûté. Calculez maintenant la progression rapide des dépenses, rien que pour les hôpitaux et bureaux de bienfaisance de Paris, sur une moyenne évidemment affaiblie de 72,073 fr. par an; étendez, par la pensée, ce calcul à tous les hôpitaux et bureaux de bienfaisance des départements, et vous verrez à quelle somme énorme s'élève la perte de nos administrations charitables en France pour une période seulement de quelques années. Mettez en regard la dépense si minime que nécessite l'application de ma méthode; que l'on calcule, en effet, ce que coûteraient deux ou trois appareils hémospasiques qui peuvent fonctionner pendant vingt ans et plus avant d'exiger aucune réparation, et que l'on voie après ce rapide aperçu si la différence n'est pas frappante, incalculable; s'il n'est pas du devoir de toute bonne administration de substituer, autant que possible, un procédé à l'autre, et si l'évidence, cet attribut du bon et du vrai, ne milite pas mathématiquement en ma faveur. D'un côté, en supposant l'impossible, c'est-à-dire que le prix des sangsues reste stationnaire pendant vingt ans, que chaque année on n'en emploie pas plus qu'en 1849, on aura pour la France de quinze à vingt millions de francs, tandis que de l'autre, il ne faudra dépenser qu'une modique somme dont le rapport sera considérable, par l'emploi réitéré du moyen et le bon état permanent des appareils; alors comment peut-on balancer (1)? La question d'argent, dit-on, est la question supérieure, la question dominante, quand il s'agit d'administration. Je conviens d'autant plus volontiers de la vérité de cette assertion que je démontre mieux la possibilité de dépenser très-peu tout en produisant les mêmes effets thérapeutiques et même des effets plus avantageux aux malades. Ce que je viens de dire soulèvera sans doute des objections, je m'y attends; mais elles m'effraient si peu que je vais répondre par avance à celles qui pourraient m'être présentées comme les plus importantes.

OBJECTIONS ET RÉPONSES.

1re Objection. — « La méthode hémospasique n'a qu'une action très-générale sur l'organisme. »

A cela je réponds que cette action étant générale et forte,

---

(1) Dans mon établissement une seule pompe pourvue d'un vaste réservoir permet d'y opérer l'hémospasie sur plus de vingt personnes simultanément. Dans un hôpital, ces applications simultanées pourraient avoir lieu encore sur une plus grande échelle, ainsi que je l'ai démontré à la Charité, salle Saint-Charles, service de M. le professeur Fouquier. Ce moyen monté en grand n'entraîne presque aucun frais, puisque l'on n'emploie que de l'air pour modifier si puissamment la circulation du sang, et il tend à rendre presque superflu l'emploi des sangsues dans les hôpitaux.

devient par cela même particulière ; quand la révulsion est puissante, efficace, se produisant de proche en proche, elle agit sur chacun de nos organes ; c'est ce qu'on voit dans les inflammations, les congestions, les pertes de sang, etc.

2e Objection. — « On ne peut pas appliquer l'appareil hémospasique comme les sangsues, sur tous les organes malades. »

Je réponds que cet avantage n'en est pas toujours un : on a remarqué, en effet, depuis longtemps, que dans une multitude de cas, on augmente ainsi la congestion au lieu de la diminuer, et qu'il vaut mieux pratiquer la révulsion au loin, si l'on veut obtenir des effets plus certains, plus efficaces. C'est la loi la plus constante des mouvements fluxionnaires bien observés. J'ajoute qu'on peut appliquer mes divers appareils aux extrémités supérieures comme aux inférieures, et même sur la moitié du corps ou isolément sur toutes ses régions.

3e Objection. — « Par la méthode hémospasique, on ne fait que déplacer les liquides, tandis que par les sangsues on dépouille toujours l'organisme d'une certaine quantité de sang. »

Cela est vrai ; mais je ferai observer : 1° que la perte de sang est souvent dangereuse, parce qu'on ne peut jamais en régler d'une manière exacte la quantité ; 2° que pour peu que cette perte excède les forces du malade, comme je l'ai fait voir (mémoire cité), il en résulte un épuisement, une énervation plus ou moins prolongés ; car le sang est, selon l'expression caractéristique des anciens, *solidum in solido.*

3° Mais enfin, me dira-t-on, si une perte de sang quelconque est jugée nécessaire, comme il arrive dans certains cas, rien n'empêche de pratiquer des mouchetures ou des scarifications sur la peau, pendant l'application hémospasique ?

4e Objection. — « On peut employer les ventouses ordinaires. »

Oui, sans doute, on peut y recourir et on l'a déjà fait; mais est-il possible de comparer l'action bornée, rapide, à petite surface, de ces ventouses, avec l'action puissante, énergique, soutenue de notre appareil qui, s'appliquant sur une vaste étendue, attire et *révulse*, si je puis m'exprimer ainsi, une masse considérable de sang, la déplace assez pour déterminer, quelquefois d'une manière plus ou moins prompte, des phénomènes généraux prononcés de déplacement sanguin, comme la pâleur subite du visage, un abaissement de la température du corps, par suite de la diminution subite du sang dans la circulation générale ; et enfin cet état voisin de la syncope qui nous a réussi d'une manière si surprenante au début de la plupart des maladies aiguës.

5e Objection. — « Une pareille application demande une main exercée. »

A coup sûr, ce n'en serait que mieux ; mais la chose n'est pas toujours indispensable. Si l'emploi de cet appareil se généralisait, quelques aides, un peu habitués à son application, pourraient suffire, dans un grand nombre de cas.

CONCLUSIONS.

Si je ne m'abuse, je pense avoir prouvé qu'on peut et qu'on doit substituer l'application de l'appareil hémospasique (grande ventouse) à celle des sangsues, toutes les fois que ces dernières ne seront pas jugées indispensables : 1° parce qu'on obtient ainsi des effets thérapeutiques plus prompts, plus marqués et plus puissants, sans le moindre inconvénient ; 2° parce qu'il en résulte clairement, incontestablement, une économie considérable. Tout en me tenant le plus près possible de la vérité phénoménale et de l'observation, il me semble avoir donné la solution de l'important problème médical dont j'ai parlé précédemment, et dans les deux termes qui en sont l'expression. Produire des effets supérieurs à ceux des sangsues, et les produire avec une extrême diminution de frais; autrement dit, faire en même temps de la bonne médecine, et de la médecine à bon marché.

Je prie donc et je conjure messieurs les administrateurs des hôpitaux, de porter leur attention sur ma proposition et sur ma méthode. L'économie est ici la charité en action; or, il n'en est pas de plus utile, de plus évidente que celle qui se fonde sur l'expérience des faits bien observés, et mon procédé n'a rien à redouter sous ce rapport. En le substituant aux sangsues toujours rares, toujours chères et souvent falsifiées, c'est tout à la fois contribuer aux progrès de la science et au soulagement des maux de l'humanité (1).

(1) Afin de les vulgariser, je ne me suis réservé aucun droit sur la construction de mes divers appareils; mais pour en avoir de perfectionnés, on doit s'adresser directement à moi, ainsi que pour les renseignements que l'on pourrait désirer, 50, rue Basse-du-Rempart.

Paris. — Typographie de H. V. de Surcy et Cie, rue de Sèvres, 37.

Paris, le 2 avril 1839.

Le Secrétaire général de l'Administration des Hospices civils de Paris, à Monsieur le docteur Junod, *médecin, auteur de la méthode hémospasique et des appareils à pression*, etc.

« Monsieur le Docteur,

« Le conseil général des hospices a entendu, avec beaucoup d'intérêt, le rapport qui lui a été présenté sur les services que vos utiles découvertes ont rendus, dans une foule de circonstances graves, aux malades reçus dans les établissements charitables de Paris. Il a examiné votre dernière réclamation appuyée d'observations développées par un grand nombre de professeurs les plus distingués de la Faculté, et il a reconnu qu'il ne pouvait qu'être avantageux de faire usage de vos procédés, aussi ingénieux que puissants, lorsque les médecins et chirurgiens des hôpitaux en prescrivent l'application.

« L'arrêté dont j'ai l'honneur de vous adresser une expédition consacre cette disposition. Cet acte va être transmis aux membres de la Commission administrative qui en donneront connaissance aux directeurs des établissements, et ceux-ci à MM. les médecins et chirurgiens chefs du service de santé.

« Ces détails, ainsi réglés, il me reste, monsieur le Docteur, conformément aux intentions du conseil, à vous remercier des soins, aussi désintéressés qu'empressés, que vous avez depuis longtemps donnés à nos pauvres malades. En continuant l'emploi de vos grandes ventouses, vous acquerrez de nouveaux droits à la reconnaissance du conseil comme à la gratitude des indigents. Etre noblement utile à ses semblables, leur venir en aide quand ils souffrent, sont des titres que tous les hommes de bien savent apprécier et qui appelleront toujours la sympathie des administrateurs spécialement occupés, par devoir et par penchant, du soulagement de la classe nécessiteuse.

« Recevez, monsieur le Docteur, l'assurance de ma considération la plus distinguée,

« *Le Secrétaire général,*

« THUNOT. »

Paris, le 30 décembre 1843.

MINISTÈRE DE L'INTÉRIEUR. — DIRECTION DE L'ADMINISTRATION DÉPARTEMENTALE ET COMMUNALE. — 3e SECTION. — 1er BUREAU.

Appareil inventé par le docteur JUNOD.

(Circulaire adressée à MM. les Préfets des Départements par M. le Ministre de l'Intérieur.)

« Monsieur le Préfet,

« M. le docteur Junod a inventé une méthode nouvelle, dite hémospasique, pour le traitement d'un grand nombre de maladies. Cette méthode consiste dans l'emploi d'un appareil pneumatique qui paraît appelé à remplacer avec avantage, dans une multitude de cas, les sangsues et les saignées, en attirant le sang au bras ou à la jambe sans faire souffrir le malade, sans lui nuire ou l'affaiblir.

« Cet appareil qui a été expérimenté, depuis plusieurs années, en public et dans les hôpitaux de Paris, a obtenu les suffrages des médecins les plus éminents; il a valu à son auteur les félicitations et les remercîments du conseil général des hospices de Paris, qui en a autorisé l'emploi, dans tous les cas où les médecins et chirurgiens de ces établissements jugeront utile d'en faire l'application.

« La confiance que doivent inspirer de pareils résultats m'a fait considérer comme utile d'appeler l'attention des administrations charitables et des médecins des hospices sur la méthode hémospasique du docteur Junod, qui semble présenter uu moyen curatif fort simple, peu coûteux, facile à pratiquer, et qui, dans un grand nombre de cas, peut rendre de précieux services aux indigents traités dans les hôpitaux civils.

« Veuillez bien, monsieur le Préfet, m'accuser réception de la présente circulaire, et en faire connaître les dispositions aux commissions administratives des hôpitaux de votre département.

« Recevez, monsieur le Préfet, l'assurance de ma considération très-distinguée.

« *Le ministre Secrétaire d'État au département de l'Intérieur,*

« T. DUCHATEL. »

www.ingramcontent.com/pod-product-compliance
Lightning Source LLC
La Vergne TN
LVHW010414240826
846091LV00020B/3775

* 9 7 8 2 0 1 9 9 9 3 4 1 2 *